Salir del cascarón

Dona Herweck Rice

✳ Smithsonian

Autora contribuyente

Jennifer Lawson

Asesoras

Jennifer Zoon
Especialista en comunicación
Smithsonian's National Zoo

Sharon Banks
Maestra de tercer grado
Escuelas Públicas de Duncan

Créditos de publicación

Rachelle Cracchiolo, M.S.Ed., *Editora comercial*
Conni Medina, M.A.Ed., *Redactora jefa*
Diana Kenney, M.A.Ed., NBCT, *Directora de contenido*
Véronique Bos, *Directora creativa*
Robin Erickson, *Directora de arte*
Michelle Jovin, M.A., *Editora asociada*
Caroline Gasca, M.S.Ed., *Editora superior*
Mindy Duits, *Diseñadora gráfica superior*
Walter Mladina, *Investigador de fotografía*
Smithsonian Science Education Center

Créditos de imágenes: portada y pág.1, págs.2–3, págs.6–7 (todas), pág.14, pág.17 (todas), págs.20–21, pág.22 (inferior), págs.24–25 (todas) © Smithsonian; pág.8 (inferior) Designua/Dreamstime; pág.9 (inferior) The Photolibrary Wales/Alamy; pág.10 Ashley Cooper pics/Alamy; pág.11 Vince Burton/Alamy; pág.13 ANT Photo Library/Science Source; pág.23 (inferior) blickwinkel/Alamy; pág.26 (inferior) Travelib Wales/Alamy; todas las demás imágenes cortesía de iStock y/o Shutterstock.

Library of Congress Cataloging-in-Publication Data

Names: Rice, Dona, author.
Title: Salir del cascarón / Dona Herweck Rice, Smithsonian Institution.
Other titles: Hatching a chick. Spanish
Description: Huntington Beach : Teacher Created Materials, 2020. | Includes index.
Identifiers: LCCN 2019047722 | ISBN 9780743926379 (paperback) | ISBN 9780743926522 (ebook)
Subjects: LCSH: Birds--Conservation--Juvenile literature. | Eggs--Incubation--Juvenile literature.
Classification: LCC QL676.5 .R5418 2020 | DDC 639.97/8--dc23

Smithsonian

Teacher Created Materials

5301 Oceanus Drive
Huntington Beach, CA 92649-1030
www.tcmpub.com
ISBN 978-0-7439-2637-9
© 2020 Teacher Created Materials, Inc.
Printed in Malaysia
Thumbprints.25941

Contenido

¡Hola, mundo!

¡Cric! Aparece una rotura muy chiquita en un huevo pequeño de color marrón. Es un ave bebé que se prepara para salir del cascarón. Sabe por **instinto** cómo romperlo. En poco tiempo, podrá pararse y respirar el aire fresco del mundo exterior.

¡Bienvenido al mundo, polluelo!

Un polluelo de gaviota argéntea empieza a salir del cascarón.

polluelo de gaviota argéntea

A veces, las aves necesitan ayuda con sus huevos. Los polluelos no necesitan ayuda para salir del cascarón. Pero algunas **especies** de aves adultas pueden necesitar ayuda para cuidar sus huevos.

Los cuidadores de aves las ayudan. Estos científicos actúan cuando las especies de aves están **en peligro de extinción**. Ayudan a algunas aves para que sus polluelos puedan nacer y crían a los polluelos para que crezcan sanos y fuertes.

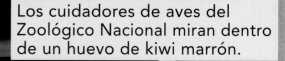

Los cuidadores de aves del Zoológico Nacional miran dentro de un huevo de kiwi marrón.

Este kiwi marrón tiene
un día de edad.

Este kiwi marrón nació en el
Zoológico Nacional Smithsonian.

Cómo salir del huevo

Para aprender cómo ayudan los cuidadores a las aves, es bueno saber cómo ocurre la **eclosión**.

Justo antes de nacer, el polluelo **absorbe** la yema del huevo, que queda dentro de su cuerpo. Esa será su comida durante las primeras horas o los primeros días fuera del cascarón.

El polluelo también necesita aire. Se forma una bolsa de aire en la parte de arriba del huevo. El polluelo respira ese aire justo antes de salir del cascarón.

yema

bolsa de aire

cascarón

Estos polluelos de gaviota están en distintas etapas de su nacimiento.

En general, no se debe ayudar a las aves bebé a que rompan el cascarón. Podrían salir lastimados.

El ave bebé empieza a romper el cascarón desde adentro. Usa una punta parecida a un cuerno, llamada diente de huevo, para romper el cascarón y salir. El diente de huevo es una punta dura y blanca que está en el pico. A la mayoría de las aves, el diente de huevo se les cae pocos días después de nacer.

Finalmente, el ave empuja hacia arriba con los hombros y las patas. Deja atrás el cascarón. ¡Se completó la eclosión!

diente de huevo

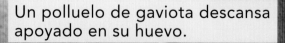

Un polluelo de gaviota descansa apoyado en su huevo.

diente de huevo

Un polluelo de gaviota espera a que otro polluelo termine de romper el cascarón.

Qué necesita un huevo

Las aves bebé crecen dentro del huevo por un tiempo determinado. Ese tiempo depende de la especie. Las gallinas **incuban** durante tres semanas. Los pingüinos emperadores incuban durante dos meses. Las aves nacen cuando llenan el espacio que hay dentro del huevo.

El tiempo es diferente para cada especie. Pero lo que pasa dentro del huevo es muy parecido.

El arte de los huevos

¡Los huevos son tan increíbles por fuera como por dentro! Cada especie pone huevos con sus propios estilos o colores. Estos diseños usualmente se crean unas pocas horas antes de que la mamá ponga los huevos. Los diseños pueden ayudar a que los huevos queden ocultos en su nido.

Un pingüino emperador incuba un huevo en una bolsa especial que tiene sobre los pies.

Temperatura

Los polluelos deben estar a la temperatura justa para crecer sanos. Por eso, algunas aves incuban los huevos. Eso significa que los mantienen calentitos conservándolos cerca de su cuerpo.

Los cuidadores de aves pueden ayudar. Pueden poner los huevos en incubadoras. Estas máquinas mantienen los huevos a la temperatura justa. Ayudan a que los polluelos crezcan bien y puedan salir bien del cascarón.

Un cuidador de aves del Zoológico Nacional coloca un huevo de kiwi en una incubadora.

Un flamenco común se sienta sobre un huevo para incubarlo.

Humedad

Todas las formas de vida necesitan agua. La humedad es el agua que está en el aire. Los huevos deben tener la humedad adecuada. La necesitan para que crezcan sus bolsas de aire.

Los polluelos pueden morir dentro del huevo si hay demasiada o muy poca humedad. Pero los cuidadores de aves pueden controlarla. Usan incubadoras. Los cuidadores controlan la temperatura y la humedad de los huevos para que los polluelos crezcan bien.

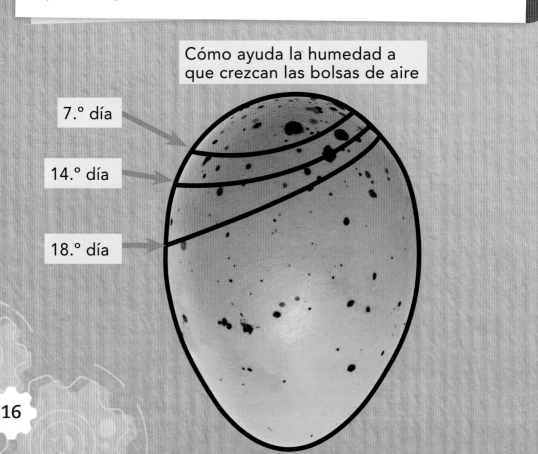

Cómo ayuda la humedad a que crezcan las bolsas de aire

7.° día

14.° día

18.° día

Una cuidadora de aves del Zoológico Nacional ilumina un huevo para examinarlo.

Examen al trasluz

Los cuidadores de aves examinan los huevos al trasluz para controlar la salud y el crecimiento de los **embriones**. Los cuidadores colocan los huevos contra una fuente de luz, como una linterna o una vela. La luz los ayuda a ver lo que hay dentro de los huevos.

Rotación

Las aves hacen **rotar** los huevos cuando los incuban. Les dan vuelta con frecuencia. Eso ayuda a que los embriones crezcan bien. Los polluelos pueden morir si los huevos no se voltean.

Los huevos son curvos para que las aves puedan darles vuelta con facilidad, aun sin manos. Pero los cuidadores de aves sí tienen manos para darles vuelta. También hay incubadoras diseñadas para rotar los huevos.

Un chajá hembra usa el pico para darle vuelta a un huevo.

un grupo de chajás

Algunos huevos tienen un extremo
más pequeño, lo que hace que
giren en círculos. Así es más
difícil que se caigan del nido.

Historias de huevos

Los cuidadores de aves han ayudado a muchas especies que están en riesgo. Estas son algunas de sus historias.

Polluelos de rascones de Guam

En una época, se creía que los rascones de Guam estaban **extintos**. Los cuidadores de un zoológico reunieron a un macho y a una hembra. ¡Las aves se llevaron bien! La hembra puso dos huevos. Los cuidadores ayudaron a que crecieran los embriones, luego alimentaron a los polluelos y los mantuvieron seguros. Cuando los polluelos tengan la edad suficiente, los llevarán a la naturaleza para que vivan allí.

Este polluelo de rascón de Guam es uno de los dos polluelos que nacieron en el zoológico.

La científica del Smithsonian Erica Royer libera a un rascón de Guam en la naturaleza.

¡Cuidado!

Las especies invasoras son plantas o animales que no pertenecen a un área. Las serpientes arbóreas marrones son una especie invasora. Pusieron en peligro a los polluelos de los rascones de Guam. Los científicos debieron retirarlas de las islas Rota y Cocos para proteger a las aves.

El alcaudón americano

Solía haber muchos alcaudones americanos. Ahora, quedan muy pocos. Los cuidadores de aves se esfuerzan por mantener viva a la especie cuidando a las aves adultas. Protegen los huevos para que los polluelos tengan más oportunidades de nacer. Después, cuidan a los polluelos. Los cuidadores de aves los alimentan y los mantienen seguros. Creen que, gracias a su trabajo, muchas de estas aves podrán volver a la naturaleza.

Este alcaudón americano adulto vive en el Instituto de Biología y Conservación del Smithsonian.

Un alcaudón americano
adulto alimenta a su cría.

Los alcaudones americanos
comen insectos y roedores.

Las grullas de cuello blanco

Las grullas de cuello blanco están en peligro. Uno de los problemas que enfrentan es que sus **áreas de reproducción** se están reduciendo. Por eso, nacen cada vez menos grullas. Cuando los cuidadores encontraron una hembra sana que no ponía huevos, supieron que tenían que ayudarla.

Walnut es una grulla que fue criada por humanos. No se llevaba bien con los de su propia especie. ¡Pero se encariñó con un cuidador! Este cuidador usa la ciencia para ayudarla a poner huevos sanos. Ahora, esta grulla es mamá.

Aquí está Walnut junto a Chris Crowe, el cuidador de aves del Smithsonian del que se hizo amiga.

Una grulla de cuello blanco cuida a su polluelo.

polluelo de grulla de cuello blanco

En los números

Cuando mueren más miembros de una especie que los que nacen, la especie comienza a desaparecer. Los científicos tratan de averiguar cuántos miembros de cada especie quedan. Cuando el número de miembros de una especie baja, los científicos tal vez tengan que ayudar. Es poco probable que la especie crezca sin ayuda.

Nacen nuevos planes

Hay muchas especies de aves que necesitan ayuda. Quizá no sea posible salvarlas a todas. Los cuidadores de aves deciden a qué especie pueden ayudar más. Trabajan para proteger a las aves. Las ayudan a criar polluelos sanos.

Los cuidadores no siempre tienen éxito. No pueden salvar a todas las aves. Así y todo, siguen creando nuevos planes para ayudar a que las aves se desarrollen.

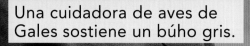
Una cuidadora de aves de Gales sostiene un búho gris.

Una cuidadora de aves camina junto a un grupo de pingüinos de Humboldt.

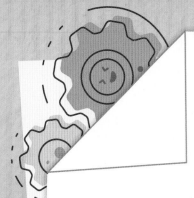

DESAFÍO DE CTIAM

Define el problema

Se acaba de caer un huevo desde un nido que está en la copa de un árbol. No se rompió, pero sus padres no aparecen por ningún lado. Usa lo que sabes sobre el cuidado de los huevos para crear un nuevo "nido". Tu nido debe mantener seguro al huevo hasta que los cuidadores de aves puedan llevárselo.

 Limitaciones: Puedes usar cualquier material de los que se encuentran en distintos nidos de aves, como cuerdas, hilos o materiales naturales.

 Criterios: Un nido debe tener espacio para que el huevo rote. Tu nido tiene que poder contener un huevo de plástico con un peso determinado durante un minuto.

Investiga y piensa ideas

¿Por qué es importante rotar los huevos?
¿Qué pueden usar los cuidadores de aves
para proteger los huevos hasta que los
polluelos salgan del cascarón?

Diseña y construye

Bosqueja un diseño de tu nido. ¿Qué
propósito cumple cada parte? ¿Cuáles
son los materiales que mejor funcionarán?
Construye el modelo.

Prueba y mejora

Coloca un huevo de plástico con un peso
en el nido durante un minuto. ¿Resistió?
¿Hay espacio para que el huevo rote?
¿Cómo puedes mejorarlo? Modifica tu
diseño y vuelve a intentarlo.

Reflexiona y comparte

¿Cómo puede tu nido proteger un huevo?
¿Hay otros materiales que te habrían
ayudado a hacer un nido fuerte y seguro?

Glosario

absorbe: toma

áreas de reproducción: lugares donde los animales adultos producen a sus crías

eclosión: el proceso en el que un huevo se rompe y nace un animal

embriones: animales o seres humanos en las primeras etapas de vida, antes de nacer o de salir del cascarón

en peligro de extinción: describe tipos de animales o plantas que corren el riesgo de dejar de existir

especies: grupos de plantas o animales que son parecidos y que pueden producir descendientes

extintos: describe tipos de animales o plantas que han dejado de existir

incuban: se sientan en los huevos para mantenerlos calentitos y que los polluelos puedan nacer

instinto: una forma de comportarse o de pensar que es natural y no necesita aprenderse

rotar: girar en círculos

Índice

Consejos profesionales
del Smithsonian

¿Quieres ser cuidador de aves?
Estos son algunos consejos para empezar.

"Observa a los animales sin molestarlos. Mira cómo actúan. Eso te ayudará a entender lo que los animales necesitan y lo que les gusta". —*Chris Crowe, cuidador de animales*

"Para ser un gran cuidador, te tienen que gustar mucho los animales. Es un trabajo duro. Pero es gratificante saber que estás enseñándoles a las personas acerca de los animales". —*Sara Hallager, curadora de aves*